AF275414

TODO LO QUE ODIAS DE TU SIGNO

(Y TODAVÍA NO SABES)

CÁNCER

Una guía para sobrevivir a ti mismo

temas de hoy

169

Edición a cargo de Charas Vega
Corrección de estilo a cargo de Alba Armario

© 2023, Estudio PE S.A.C.
Desarrollo editorial: Anónima Content Studio
Redacción: Catalina Torres-Benjumea / María José Fermi
Cuidado editorial: Equipo Editorial Anónima Content Studio
Diseño: Anónima Content Studio / Lyda Sophia Naussán R.
Imágenes de interiores: © FreePik
Ilustración de la cubierta: Anónima Content Studio / Sheila Norma
Alvarado Peña

Primera edición en español:
© 2023, Editorial Planeta Mexicana, S.A. de C.V.
Bajo el sello editorial DIANA M.R.

© Editorial Planeta, S. A., 2024
   temas de hoy, un sello editorial de Editorial Planeta, S. A.
   Avda. Diagonal, 662-664, 08034 Barcelona (España)
   www.planetadelibros.com

Primera edición en esta presentación: septiembre de 2024
Segunda impresión: noviembre de 2024
ISBN: 978-84-19812-88-9
Depósito legal: B. 12.109-2024
Composición: Realización Planeta
Impresión y encuadernación: Huertas Industrias Gráficas, S. A.
Printed in Spain - Impreso en España

La lectura abre horizontes, iguala oportunidades y construye una sociedad mejor. La propiedad intelectual es clave en la creación de contenidos culturales porque sostiene el ecosistema de quienes escriben y de nuestras librerías. Al comprar este libro estarás contribuyendo a mantener dicho ecosistema vivo y en crecimiento. En **Grupo Planeta** agradecemos que nos ayudes a apoyar así la autonomía creativa de autoras y autores para que puedan seguir desempeñando su labor.

Dirígete a CEDRO (Centro Español de Derechos Reprográficos) si necesitas fotocopiar o escanear algún fragmento de esta obra. Puedes contactar con CEDRO a través de la web www.conlicencia.com o por teléfono en el 91 702 19 70 / 93 272 04 47.

«No tenemos que avergonzarnos
de coquetear con el zodiaco.
Vale la pena coquetear
con el zodiaco.»
D. H. LAWRENCE

ÍNDICE

PRÓLOGO

El cangrejo representa el hecho de caminar hacia atrás. Es un signo muy dado a volver a ideas y a gente del pasado. Vaya, que está abocado a la melancolía. Sus emociones extremas son el motor de sus actos: toxicidad asegurada.

Al igual que el cangrejo, los nacidos bajo este signo suelen tener una coraza que protege lo blandos que son por dentro.

Este signo es cardinal, es uno de los signos que empiezan con los equinoccios; en este caso, el de verano. Suelen tener fama de pasivos, pero no dudan en tomar la iniciativa en diferentes ámbitos de su vida. Son signos de cuidados, representan la casa, el sentirse a gusto, no les molan nada los cambios. Cáncer vive con su casa a cuestas y es su espacio más querido, pero eso no quiere decir que sean vagos, simplemente son muy caseros.

Son los más dulces del horóscopo porque suelen estar enamorados del amor y de la idea de cuidar y ser cuidado. Les rige la luna, de ahí su sensibilidad y su emocionalidad, en ellos los *mood swings* son bastante habituales.

Sus partes del cuerpo son el pecho, las mamas, el estómago, la región dorsal y el tracto alimentario. Su superpoder es la empatía y no pararán hasta hacernos ver que pueden ser el gran hombro sobre el que llorar.

Charas Vega (@charcastrology)

INTRODUCCIÓN

Todos hemos escuchado hablar de los horóscopos. Están en nuestra vida diaria, casi casi en nuestro ADN: que tu amiga comenzó a salir con un Piscis, que tu jefe resultó ser Leo o que por alguna razón eres muy organizada, y casualmente eres Virgo. Pero hay más que eso. La astrología influye en ti y tus relaciones con el universo en general.

En este manual para la vida te invitaremos a reconocerte en aquellas cosas que odias de tu signo (y todavía no sabes). Creemos que en la oposición están también las fortalezas; en reconocer lo que somos y lo que no. Hacer tuyo todo esto te hará mejor. ¿No es así, Escorpio? ¿Te suena, Acuario? Así que hemos recopilado todo aquello que no quieres reconocer y te lo hemos dejado bien clarito para que no te quepan dudas y puedas interactuar mejor con los demás y, por supuesto, contigo mismo.

Unas cuantas reglas de este universo

Te pedimos que dejes la lógica afuera —va para los Virgo—, y que después de leer esta guía analices tu vida e intercambies ideas y opiniones —sigue tu propio ejemplo, Géminis—. Lo que deseamos es que no te inventes historias en la cabeza; si eres Cáncer, ese mensaje es para ti, claramente. ¡Haz caso a las estrellas y déjate llevar!

Pero antes de empezar te pedimos que no dejes que nuestro tono sarcástico o nuestra ironía afecte tu sensibilidad, hay que tener sentido del humor en esta vida; hay que aprender de Sagitario. Nosotros hemos gozado escribiendo este manual de vida desde el humor negro. Primero, porque esa es una estrategia para afrontar mejor el estrés o algunos eventos críticos de la vida. Segundo, porque ayuda a reconocer que te equivocaste —toma nota, Aries—. Y tercero, porque simplemente es más divertido hacerlo así.

El escritor estadounidense Mark Twain —típico Sagitario— lo definió de este modo: «El ser humano solo tiene un arma efectiva: el humor». A lo que el poeta francés Jean de Santeul —otro Sagitario— añade: *Castigat ridendo mores*, es decir: «Corrige las costumbres riendo». Así que nos lo hemos tomado en serio y en esta guía te mostraremos un camino que va por ese lado.

LOS 12 SIGNOS DEL ZODIACO

Este no es uno de esos libros de horóscopos que romantiza la astrología y solo ve lo bueno de los signos, ese que ya tanto conoces y que has leído desde siempre. Aquí te vamos a decir «lo rudo» de los signos, por así decirlo: la verdad salvaje de cada uno, sin anestesia. Mejor dicho, este es un ANTIHORÓSCOPO: una guía de todo lo que no son, y que en realidad los pinta de cuerpo entero. Agarraos que allá vamos.

ARIES

21 de marzo–19 de abril

Aries, tú no conoces el límite. Con tu cornamenta lo empujas siempre para demostrar que puedes hasta con lo inalcanzable, incluso si acercarte a las llamas significa que puedas quemarte de vez en cuando. Eres puro fuego, pasión e impulso. ¿Ser uno más de la manada? Imposible. ¡Jamás! Tú no naciste para seguir al resto, sino para liderar.

Elemento: Fuego - **Regente:** Marte

TAURO

20 de abril–20 de mayo

Tauro, tú no naciste para sufrir. Eres un gozador nato. No entiendes cómo hay gente que no disfruta todos los placeres de la vida a cada momento, en cada instante. Aunque puedas parecer muy hedonista, la realidad es que —como buen toro— tienes los pies sobre la tierra. Eres confiable y estable. Eso sí, lo testarudo nadie te lo quita.

Elemento: Tierra - **Regente:** Venus

GÉMINIS

21 de mayo–20 de junio

Arriba o abajo. Blanco o negro. Amor u odio. Géminis, a ti el punto medio te da alergia. A ti lo que te gusta son los extremos, puedes pasar de un extremo al otro como quien cambia de ropa interior a diario. Te habita un par de gemelos que van a su estilo, los dos muy guapos, muy hermosos; ellos son los reyes de la calma y de las buenas bromas.

Elemento: Aire - **Regente:** Mercurio

CÁNCER

21 de junio–22 de julio

Cáncer, tú que odias la inestabilidad y las ambigüedades, siempre estás listo para zambullirte en el mar de emociones que es la vida. ¿Viene una ola de alegría? Ahí estás. ¿Viene una ola de tristeza o mal humor? ¡Caparazón, para eso te tengo! La intuición pocas veces te falla, por eso eres el consejero del zodiaco, aunque tu sensibilidad a flor de piel a veces te traiciona.

Elemento: Agua - **Regente**: La Luna

LEO

23 de julio–22 de agosto

Confiesa, Leo, cuando entras en una habitación piensas para ti: «Abran paso a su alteza, rey de la selva, primero de su nombre, señor de las constelaciones y protector de todo el reino zodiacal». Y es que naciste para brillar y liderar. Aunque a veces ese poder se te suba a la cabeza y reines en la oscuridad de tu propia soberbia.

Elemento: Fuego - **Regente:** El Sol

VIRGO

23 de agosto–22 de septiembre

Vamos a delatarte, Virgo. No hay nada que te saque más de quicio que te cambien los planes. Tú no dejas nada fuera de orden, eres amante de las hojas de Excel y las agendas. Si de último minuto te cancelan una cita, no hay poder humano que te haga aceptar otra. Tienes un espíritu eficiente y perfeccionista que no puedes con él.

Elemento: Tierra - **Regente:** Mercurio

LIBRA

23 de septiembre–22 de octubre

Que no te pidan enfrentar un conflicto o tomar una decisión radical, Libra. Tú eres el amo y señor de los matices. Te sientes cómodo moviéndote en un sinfín de tonos grises. Como buena balanza que eres buscas el equilibrio, pero sueles tener respuestas que no son «ni fu ni fa». Ahora bien, lo que te sobra de indeciso lo tienes de sobra en acto y espíritu conciliador.

Elemento: Aire - **Regente:** Venus

ESCORPIO

23 de octubre–21 de noviembre

Ni olvido ni perdón. Los que dicen que los monstruos no existen no te conocen enfadado, Escorpio. Y una vez que clavas el aguijón no hay vuelta atrás. No hay disculpa que sirva; «ojo por ojo y diente por diente» es tu ley. La memoria es tu aliada, pues tampoco olvidas los buenos gestos que otros han tenido contigo. Magnético y pasional, andar a tu lado es abrazar el misterio y saltar al vacío sin saber si el paracaídas abrirá o no.

Elemento: Agua - **Regente:** Plutón

SAGITARIO

22 de noviembre–21 de diciembre

No tener planes no es lo tuyo, Sagitario. Quedarte quieta o quieto, tampoco. Los días duran 24 horas, pero los tuyos tienen 30. Si no tienes nada que hacer, te lo inventas. Eres pura aventura, vives para intentar cosas nuevas: viajar a lugares desconocidos, degustar platos exóticos y probar cuanta posición en la cama tu cuerpo te permita.

Elemento: Fuego - **Regente:** Júpiter

CAPRICORNIO

22 de diciembre–19 de enero

Para ti, Capricornio, no existe peor pecado que no cumplir una promesa. La palabra es palabra; si no, azote. Tú ordenas tu mundo con una línea imaginaria que divide todo lo que está bien de lo que está mal y más les vale —¡y a ti también!— estar del lado correcto. Si la vida es una montaña, tú naciste para treparla y llegar a la cima, aunque cueste sangre, sudor y lágrimas.

Elemento: Tierra - **Regente:** Saturno

ACUARIO

20 de enero–18 de febrero

¿Seguir las reglas del juego? Eso nunca. Las pautas y normas no se inventaron para ti, Acuario. Tú estás lejos de ser casto y puro. Eres libertino y cuestionas hasta el cansancio. Buscas nuevos caminos para innovar y, ¿por qué no?, liberar todo aquello que consideras injusto. Lo que tienes de audaz e intrépido, también lo tienes de impredecible y esquivo.

Elemento: Aire - **Regente:** Urano

PISCIS

19 de febrero–20 de marzo

A ver si Piscis nos presta atención. Deja tu realidad paralela un segundo, por favor. Sabemos que no te gusta sentirte preso y que tu respeto por las convenciones es tan abstracto que dejas que todo fluya por otro lado. Si las cosas se ponen difíciles, te esconderás entre los corales; pero cuando estés preparado, ¡vaya!, saldrás a la superficie para dar un coletazo si te desafían.

Elemento: Agua - **Regente:** Neptuno

CÁNCER

EL QUE SE

MUERE DE AMOR

Y SIEMPRE

sale vivo.

ANIMAL

Tu animal es el cangrejo, ¡por supuesto! La tradición, que es lo tuyo en todos los ámbitos, dice que eres blandito por dentro, pero que antes de llegar a tu amabilidad, el que se acerque será pellizcado por las tenazas. Te protegerás, como buen cangrejo, dentro de un caparazón muy duro hasta que se ganen tu confianza, pero si aún no lo consiguen y se acercan demasiado, peleas hasta perder una de tus pinzas. Pero no te preocupes, Cáncer, que eres un superviviente que lo siente todo demasiado, pero eso también lo puedes soportar.

CONSTELACIÓN

Es difícil entender por qué escogieron un cangrejo para representarte, pues tu constelación no tiene nada que ver con eso. Intenta convertir 104 estrellas en la forma de un animal tan complejo que camina para atrás y para adelante, y que tiene dos tenazas con las que pierde la inocencia... nada fácil, ¿verdad?

Tu constelación es pequeña y tenue, pero no por eso imperceptible. Aquí todo va encajando contigo, ¿has escuchado que el peor genio lo tienen los bajitos? Constelación pequeña, sensibilidad gigante, capacidad para vivir en el agua y en la tierra, habilidades psíquicas que pueden limpiar la energía del lugar al que lleguen. Esas estrellitas que casi no se ven son superpoderosas. Tú eres poderoso, Cáncer, aunque de eso no hablas tanto porque eres más sagaz, sabes que mandar desde atrás es mucho más eficiente que ir buscando reconocimiento.

SÍMBOLO

Tranquilo, no te emociones, no es un 69, ni el *yin-yang*, ni nada de esas cosas, no te hagas el intérprete trascendental. La verdad es que tu símbolo lo pintó alguien que era original, porque literalmente representa las dos tenazas del cangrejo. La historia de este símbolo, otra vez, tiene a los dioses griegos como protagonistas. Hera quería vencer a Hércules y en vez de mandar a un monstruo de mil cabezas decidió enviar a un cangrejo que le agarrara los pies con las pinzas. Pero este fracasa en su misión y, para colmo, se muere. Seguro que a Hera le pesó la conciencia por mandar a un ser tan pequeño a pelear con el semidiós más fuerte del mundo, así que puso lo que quedó de él en el cielo para formar una constelación más parecida a las patitas de un gallo que a las de un cangrejo.

PLANETA REGENTE

La Luna, aunque no es un planeta como tal y todos los enamorados la regalan al por mayor, es la que te rige, Cáncer. ¡Mírala! Ni tan grande ni tan peligrosa, es la encargada de que la Tierra funcione, de las mareas, de que el pelo crezca bonito o rápido, o no crezca más. ¿No nos crees? Los expertos agricultores solo siembran de acuerdo con cómo esté la Luna, pues los fluidos de la tierra solo le hacen caso a ella. Y no nos olvidemos de que el ciclo menstrual de las mujeres tiene la duración de las fases de la Luna; y sentimos mucho ser los portadores de malas noticias, pero este último es el encargado de que la vida sea hermosa o una tortura china para la humanidad entera.

La Luna, según la astrología, representa la emocionalidad, los sentimientos, la intuición y los recuerdos. Tú, Cáncer, no tienes memoria, tienes un tera donde archivas TODO lo bueno, y en la carpeta principal todo lo que te molestó y sigue pendiente de tu venganza pasivo-agresiva. La Luna también representa el autocuidado y hace una alianza con el caparazón del que no sales hasta que estás seguro de que no hay riesgos. Mientras tanto, caminas de lado con las pinzas y las antenas atentas.

ELEMENTO

El agua, que parece tan calmada y refrescante, en realidad es arriesgada. Tiene a los signos más peligrosos y misteriosos de todo el zodiaco. Tú eres el primer signo de agua y le heredaste a Aries la fuerza; a Tauro, la fuerza también y la prudencia; y a Géminis decidiste ignorarlo, ya tenías demasiado por procesar, pues son excesivos hasta para ellos mismos. El agua y la Luna tienen sus negocios y van sincronizados. Entonces, a ti te hicieron poderosamente sensible y con una dosis de maldad que no reconocerás en público jamás, pero tus aguas no solo son mansas, asustan mucho cuando te muestras en tus límites y sacas esas tenazas para descabezar lo que te amenaza.

Las personas que nacen bajo la protección del agua son cambiantes, fluidas, muy fuertes; están en constante movimiento. Si se juntan con el viento, hacen huracanes mortales. Como son tan emocionales todo les afecta más que al resto y sienten una brisa como la peor tempestad. Y, contradictorio pero cierto, resisten todas las mareas, los vientos y los desamores como ningún otro signo.

PERSONALIDAD

¿QUÉ NO ERES, CÁNCER?

Eres el primer signo de agua —el agua más agua— y el más puro de todos los signos. Pero no te creas, Cáncer, no eres tan cristalino como ella. Ya sabemos que para tener una idea muy general de ti necesitamos mínimo dos enciclopedias, siete pódcast y tres o cuatro especializaciones en comportamiento humano y sentimientos desbordados, pero vamos a intentar ser lo más precisos que podamos. De antemano, perdónanos, Cáncer, por no tener la sensibilidad tan aguda como tú. De todos los signos del elemento agua eres el más intuitivo y protector, pero también el más difícil de entender. Quisimos encasillarte alguna vez y eres el jefe de las excepciones. Dicen que eres el amor maternal hecho signo, pero que no te hagan sentir inseguro, porque huyes más rápido que un Géminis del compromiso, y eso ya es mucho.

Cáncer, el que no tiene aguas mansas

Aunque son bondadosos y emocionales, la maldad de los signos de agua es la más terrorífica de todo el zodiaco. Cáncer, tú eres el segundo más malo del zodiaco cuando de crueldad se trata, y es que tu imaginación y creatividad entregada a la venganza es más terrible que ver *El exorcista* a solas. Ser emocional no quiere decir que seas llorón, o que te llenes de mocos por cualquier motivo únicamente, la furia profunda que sientes cuando no respetan tus sentimientos o cuando no entienden lo que es importante para ti, puede sacar lo más salvaje de tu intuición. Tu frustración se convierte en un arma furiosísima que dispara venganzas muy dolorosas, creativas e inesperadas.

Cáncer, el desconfiado

No hay nada más atractivo para ti que poder confiar, Cáncer. Te fascina estar rodeado de personas leales, cuerdas y que adivinen el pensamiento, los sentimientos y el estado de ánimo. Que sepan todo antes de que lo digas, ¿cómo no van a saber lo que quieres? Ni que fuera tan difícil leer la mente, es más, tú lo haces todo el tiempo, y si no atinas, los confundes solo con ser tú. Como estás regido por la Luna, heredaste los cambios constantes; un día eres la luz que alumbra la oscuridad y, al siguiente, las tinieblas. Y no es que quieras mostrar algo diferente de lo que eres, es que eres distinto todo el tiempo, genuinamente, pero leal y sigiloso. No quieres los reflectores en ti: cuando te propones algo, lo logras sin hacer escándalo; no los necesitas, ya tienes suficientes estímulos emocionales. Si le metes más gente a tu hipersensibilidad, el ruido sería insoportable, tú eres tu propia banda sonora, Cáncer.

Cáncer, el que no se despista

A diferencia de los mortales, tú estás pendiente de cada detalle que le gusta al que tienes al lado. Por eso no entiendes cómo la gente no sabe que te gusta el azul celeste y no el azul claro; y esto es todo un drama. ¡Es muy serio este tema, de verdad! Eso nunca te pasaría a ti, porque ya sabes todo en todas las áreas de la vida de tu *crush*. Nunca vas en línea recta cuando quieres algo, tu estrategia es ir de ladito y sigiloso para sorprender; te encanta enloquecer a los otros pobres humanos porque no saben qué esperar de ti. No eres el rey de las mentiras, solo las usas un poquito para despistar al enemigo y lograr lo que te propones. No es una mentira, sino más bien otro punto de vista de la verdad, mejor dicho.

Cáncer, el que no es, por nada del mundo, un libro abierto

Posees un caparazón porque a lo que más miedo le tienes es a que te hagan sufrir. Aunque vives blindado, esa también es tu cárcel pues a veces no sabes qué sientes o hasta dónde lo sientes. Ese caparazón se convierte en tu lugar seguro y en tu cadena perpetua. Sí sabes lo que quieres y que lo quieres sin mostrar tus

jugadas. Te mueves en los secretos y te encantan los enredos y acertijos para lograr tu objetivo a través de la confusión. La fantasía es una parte de la vida, vives mitad en este mundo y la otra en una película que podría ser muy taquillera si la llevaras al cine.

DEFECTOS

Las emociones, a veces, te nublan la realidad y tus reacciones pueden ser una obra de teatro muy dramática, Cáncer. Eres tremendamente manipulador, pero jamás te dejas atrapar... ¡eres un *crack*, ídolo!

Tienes un conector universal y entiendes a cualquier humano, animal o ser vivo que sienta. Tus emociones están configuradas para ayudar a los demás y verlos con compasión. Pero tus celos pueden provocar otra guerra mundial, son de lo más tóxicos; no solo le haces daño a la persona, te llevas a los que estén al lado y también te desgarra por dentro toda esa inseguridad.

No hay problema en escoger el sabor del helado, pero si tienes que escoger entre cosas emocionales, se te pasa la vida; eres muy indeciso a la hora de elegir en la vida no material, en esa que no te puedes comer.

Lloras sin razón y asusta mucho tener a alguien llorando a mares sin motivo aparente. Y aunque siempre tienes una causa por la que podrías discutir, no lo dices porque te aterran las discusiones.

LO QUE TE HACE SUPERIOR

Tienes una inclinación artística prolija. Esto sería maravilloso si lo pusieras en práctica escribiendo un guion de telenovela típica mexicana. Pero en vez de hacer tus películas como forma de entretener al mundo, las vives en tu cabeza. El malo —que suele ser tu pareja o a quienes quieres— se las tiene que comer enteras. Recuerda que es muy desgastante ser el malo de tu película, porque te das mucha libertad para sentirlo todo como si fuera personal y en tu contra. Hasta el clima se pone en tu contra y las estrellas se confabulan para hacer tu vida miserable. En ese instante todo se pone tan oscuro que ya no ves cómo salir, se acaba la película, salen los letreros y tú sigues en el vídeo que te has creado. Es tan difícil que a veces te enfermas físicamente de todo lo que sientes. Tranqui que, igual que en tus películas, aquí el monstruo de debajo de la cama tampoco existe.

TU PEOR INSULTO

Estimado Cáncer, sabemos que tienes puntos muy sensibles de los que no te recuperas, y aquel que caiga en alguno de los siguientes comportamientos será puesto en tu lista secreta de venganzas:

- Que hablen mal de tu madre.
- Que ignoren tus superpoderes intuitivos.
- Que minimicen tus magnánimos sentimientos.
- Que estimulen tus celos.

«EL LÍMITE NO EXISTE»

Te gusta repetir: que las vacaciones sean en ese lugar al que ibas con tus seres queridos y eso se convierta en la tradición familiar por los siglos de los siglos. El síndrome de árbol plantado en el mismo lugar te da tranquilidad y te produce placer cuidar de alguien más.

Por amor eres capaz de comprar un billete al más allá sin que ni siquiera te hayan invitado. Eres frío y calculador, pero cuando amas eres un osito de peluche que confunde las comedias románticas con la realidad. Para ti, el amor no es un sentimiento, es una forma de vida que vas persiguiendo y cazando con sigilo. Tu mapa amoroso puede ser *Un tranvía llamado deseo, 10 razones para odiarte* o *Nunca me han besado.* Aaaw... ¡hasta que te llegan los celos y las venganzas!

TU LADO *DARK*

Eres el cangrejo más adorable del mundo y de las constelaciones hasta que te hacen daño. Cuando te hieren te pones furioso, y en lo único que piensas —después de llorar como una Magdalena— es en cómo vas a hacer que al otro le duela todavía más; en cómo condenar al infierno a quien te ha hecho daño, que como mínimo sienta dos veces más dolor que tú. Ojalá estuviéramos exagerando, pero los crímenes que comete este signo son sobre todo pasionales. Y no lo decimos nosotros, lo dice el FBI; y como queremos mantenernos con vida para poder terminar este libro, vamos a dejarlo aquí.

ASESINOS EN SERIE

Nadie diría que Cáncer puede ser un asesino en serie, pero ya te digo yo que hay unos cuantos. De entrada, no es un signo sospechoso, tienen fama de dulces, empáticos y enamoradizos, todo lo opuesto a lo que presuponemos de los asesinos.

Su apariencia afable les puede ayudar a no levantar sospechas. Además, gracias a su superpoder empático e intuitivo, pueden descubrir las intenciones y las emociones de los otros. Es, sin duda, una herramienta perfecta para manipular allegados y conseguir más de un cómplice de sus aberraciones.

Por otro lado, la tendencia de Cáncer hacia el victimismo es también una razón perfecta para la justificación del asesinato. Es decir, Cáncer sería el típico asesino en serie que culpa a la sociedad, a su ex o al vecino de sus actos.

El caso que vamos a ver es un buen ejemplo de la crueldad innata, de cómo jugar con la bondad para esconder el peor de los secretos.

Genene Jones: Era una enfermera que se dedicaba a acabar con los pacientes, lo que se conoce en el *true crime* como un «ángel de la muerte». Un signo cuidador que aprovechó su posición de poder y su dulce apariencia para acabar con la vida de inocentes.

MODA

Un signo elegante e imaginativo, pero sin llegar a extremos. Dulce y un poquito sexi en su forma de vestir. Cáncer es un signo que no destaca por su indumentaria, en el mejor de los sentidos: todo le queda tan bien que es como si el estilo fuera inherente al signo; cuando lo ves ya no te lo puedes imaginar de otra manera.

Aunque a primera vista no lo parezca, adoran pasarse horas preparándose para cualquier evento. Si pudieran vestir de gala, lo harían; adoran las bodas y cualquier excusa es buena para ponerse el vestido más bonito de su armario.

No son un signo de gran derroche: aunque a veces se obsesionan por piezas muy concretas, no tienen un armario repleto de prendas caras. Cáncer es un signo que tiende a ahorrar en si mismo pero que adora comprar ropa para sus seres queridos.

PLAYLIST

Canciones Cáncer de artistas Cáncer:

- Lana Del Rey — *Chemtrails Over The Country Club*
- Kali Uchis — *Pensamientos Intrusivos*
- Ariana Grande — *needy*
- Aitana — *Formentera*
- Selena Gomez — *Kill Em With Kindness*
- Faye Webster — *In A Good Way*
- Ringo Starr — *It Don't Come Easy*
- The White Stripes — *I Just Don't Know What to Do With Myself*
- Joy Division — *Isolation*
- Blondie — *Hanging On the Telephone*

PERSONAJES FICTICIOS

El Gran Gatsby

Como buen Cáncer, era un anfitrión estupendo, una persona que no dudaría en dar una fiesta solo para poder encontrarse con su amada. La obsesión y el romanticismo de Cáncer son más que palpables en el personaje de Gatsby.

Ed, de *Doctor en Alaska*

El arquetipo del eterno incomprendido, el chico sensible y tímido que utiliza el arte para mejorar su comunicación con el resto del mundo. Además, Ed no duda en servirse de la imaginación y la creatividad para evadirse de sus problemas, algo muy muy Cáncer.

Wendy, de *Peter Pan*

La madre de cualquier grupo de amigas, un rol que se acentúa cuando eres la hermana mayor. Adora vivir en un mundo de fantasía y una parte de ella no dudaría en permanecer como niña para siempre. Aun así, tiene el sentido del deber y de la responsabilidad muy desarrollados.

PERSONAJES REALES

Hermann Hesse

Un Cáncer de la cabeza a los pies, empezando por sus personajes, siempre atravesados por los conflictos con sus raíces, con su hogar —como en *El lobo estepario*, un drama muy de Cáncer—, o con esa especie de adoración y obsesión por sus amigos de los de la novela *Demian*.

Ingmar Bergman

Como no iba a ser Cáncer el señor que escribió y dirigió *Secretos de un matrimonio*. Un hombre lleno de dilemas filosóficos y trascendentales (*El séptimo sello*) y bastante nostálgico (*Fresas salvajes*).

Lana del rey

Sus canciones nos lo cuentan todo sobre ella: es sensible, enamoradiza y está siempre en la búsqueda de una conexión profunda y especial. No sabe ser una estrella porque no se siente como una. Cáncer adora la vida hogareña y no es muy fan de los focos. Lana no está en el mundo de la música por la fama, sino por hablar de sus sentimientos. ¿Hay algo más Cáncer?

Robin Williams

Lleno de dulzura, supo transmitir con sus personajes el humor y la humanidad propios del signo Cáncer. La desdicha que suele acompañar este signo hizo que muchos lo conociéramos por su trágica historia personal, que siempre ocultó con un carisma único.

TUS MOMENTOS MÁS ODIOSOS

Todos los que hemos sido atendidos por un Cáncer tenemos la fortuna de ser cuidados y, como por arte de magia, las comidas siempre son nuestro momento favorito, aunque no lo digamos. Este es el grado de detalle que tienes a la hora de mimar a tu gente. Ahora bien, a la hora de salir de casa vas a cobrarte las facturas pendientes: no esperas nada que no esté a la altura de las velades que ofreces tú. Pero olvidas que no leemos la mente, no tenemos el poder de comunicarnos con los animales (como tú y la Cenicienta) y no a todos nos atrapan los sentimientos. Eres muy raro, Cáncer, eres maternal, cuidador y mimoso... hasta que te conviertes en ermitaño, indiferente y gruñón silencioso con cualquier pequeño cambio de la Luna, como si solo pudieras ser amable una parte del mes.

EL REGALO MENOS DESEADO

El peor regalo que te pueden dar es un vale, algo tan poco pensado, tan impersonal, sería un insulto más que un halago. Todo lo que no sea previamente meditado, analizado y comprobado con el método científico para analizar tus sentimientos y gustos, no tendrá un buen final.

Otro de los regalos que no quieres por nada del mundo son las extravagancias; por ejemplo, un reloj gigante con incrustaciones de diamantes que brille más que el Sol.

EL COLMO DE LOS COLMOS

Tu peor escenario es que te obliguen a enfrentar un conflicto, porque eres valiente, pero en secreto. Las confrontaciones en general, y especialmente las públicas, te generan ansiedad y se te reinicia la cabeza. También detestas que se publique tu vida privada o que te obliguen a responder preguntas con respecto a tus sentimientos. A ti que no te manden, y menos sobre qué hacer con tu vida, que se vayan a freír espárragos, malditos desconsiderados. El otro peor escenario es que te rechacen o te abandonen; no tienes defensa contra ese dolor y las cicatrices pueden tardar años en sanar.

HOBBIES QUE ABORRECES

- Coleccionar insectos (es muy cruel para ti).
- El paracaidismo.
- Las citas rápidas.
- Participar en una competición de debate político.

JAMÁS TE DISCULPARÁS POR...

- Expresar tu amor intenso y profundo en el momento menos indicado.
- Ayudar a las personas que pasan por un mal momento sin su aprobación.
- No ir a su fiesta sorpresa de cumpleaños porque te sientes abrumado con la vida.
- Ser la mamá gallina de tu pareja.

ANTIMATCH

Es más fácil alimentar a un vegano que solo coma alimentos crudos que entender lo que podría gustarte en una relación —de cualquier tipo—. Recibe este manual hecho por inexpertos que no podríamos ni siquiera empezar a comprender la punta de tu iceberg emocional.

Aries

Este signo no tiene tacto, no sabe decir las cosas con diplomacia y, comparándote con él, es como un troglodita con poca inteligencia emocional. Le gusta que todo sea rápido, muy estimulante y quedarse quieto es casi imposible. Le aburre el sexo en la cama y quiere exponerse todo el tiempo. Aunque los polos opuestos se atraen, cuando las diferencias están en la esencia, la atracción puede terminar en tortura y el caparazón partido.

Sagitario

Mira, otro fuego que no parece encajar. Tu centro y tu prioridad es tu casita; tu amor, la protección y la conexión con tu pareja te hacen fuerte y estable. Sagitario por nada del mundo sacrificaría un viaje para construir su futura casa, además son muy tercos y sufren de «sincericidio», esas verdades brutalmente honestas.

Géminis

Empecemos por entender que un espécimen de este signo no es uno solo, tiene un montón de personalidades y ven el amor como un viaje aventurero y apasionante, que se acaba y se transforma. A ti te da un ataque al corazón si te cambian las reglas del juego. Quieres una relación convencional, monógama y resistente a todo. Los gemelos no resisten el aburrimiento ni en la sala de espera del dentista.

AMOR

¿CÓMO ERES EN EL AMOR, CÁNCER?

Se dice de ti que eres un ser romántico, emocional y voluble; que vas por la vida cambiando porque sí. La diferencia en tus cambios de humor radica en que tienes demasiados sentimientos y se te van saliendo por todos los orificios del cuerpo. Los más usados son los ojos y la nariz, porque naciste preparado para llorar de felicidad, de rabia, de tristeza, de satisfacción. Es como si el resumen de todo lo que sientes se redujera a las lágrimas y los mocos. Vamos cortos de manuales para entender a los signos y tú tampoco vienes con instrucciones, eres como un mueble de IKEA que tenemos que montar a ciegas y juntar las partes con ensayo y error. Lo malo es que es muy difícil que quede un mueble bien hecho igual que la foto del catálogo. Lo bueno es que quien lo consiga será el rey de tu universo y no habrá nadie mejor en el mundo que ese que te pudo juntar a golpe de paciencia y dedicación.

Bien, ¿cuál es el premio? Pues tú, porque si te conquistan, ya no te girarás ni para mirar tu sombra. Eres más sólido que la fuerza de voluntad de Edward Cullen, sí, el vampiro que defendió la virginidad de su chica durante seis películas. Que esto no se confunda con que no eres apasionado, porque una vez que te entregas no hay una gota de sangre que no se caliente dentro de ti: lo das todo; te gusta entregarte y te tiras al abismo del placer. Y, ¡adivina!, tu calentura está acompañada de la estabilidad. Entonces, cuanto más comprometido estés, más caliente te pones y eso puede ser uno de los secretos para tu estabilidad en las relaciones sentimentales.

Al tener ya los antecedentes de tus dramas, se debe tener mucho cuidado con tu imaginación porque se vuelve protagonista en tu amor y te hace celoso y muy posesivo. Si no sientes que te quieren como te gusta y, al contrario, cojea la relación, no puedes avanzar. Para ti todo es calma y amor si el otro solo respira a tu lado. Necesitas sentir que te quieren, pero de una manera casi devota, con un millón de detalles, como mínimo, para pasar el primer filtro. El segundo es que esa persona también quiera pasar tiempo con tus seres queridos.

LO QUE NO HARÍAS NI POR AMOR

Cáncer, tú bajas la Luna y se la regalas como una joya a tu *crush*. Crees en el amor y es una de las fuerzas que mueve tu vida. Aun así, tu trabajo te importa tanto o más que el amor. Entonces, aunque te pida que renuncies a él por amor, jamás lo harás. Será doloroso y llorarás como tú sabes, pero eres más calculador de lo que pareces y entiendes que parte de tu estabilidad mental está en sentirte útil y con tus necesidades cubiertas. Así tengas las emociones a flor de piel y sientas que el mundo se acaba, dentro de ti también está la fuerza del agua, que todavía pensamos que no es gran cosa, pero que acaba con ciudades y borra la historia si así lo quiere.

AHÓRRATE LA TERAPIA

Oye, Cáncer, cálmate un poco. Si quieres ahorrarte sufrimiento, te ofrecemos estas amorosas sugerencias.

- Esto te va a sonar extraño y un poco sospechoso, pero aunque seas la reina de la intuición, no todo lo que pasa en tu cabeza es real. Así que no vayas hostigando al pobre que te quiere solo porque has tenido una pesadilla de infidelidad; déjalo pasar que no todo lo místico tiene un significado en este mundo de carne y hueso.

- Las personas también son buenas como tú, también tienen ganas de protegerte y a veces meten la pata pensando que hacen algo «por tu bien». Por favor, no les cortes la cabeza, no tendrán tu espíritu brujo, pero te están agarrando de la mano. Entiende que también eres importante para ellas. No estás solo en el mundo, y si te ves así, es un problema de vista, ponte gafas.

¿CÓMO APLICAS EL *GHOSTING*?

Eres todo sensibilidad y vulnerabilidad, pero como ya conoces el mundo, no te acercarás a cualquiera solo por su belleza. Sí, la emocionalidad es tu naturaleza, pero no eres tonto: antes de meter las ocho patas en el ruedo sacas las pinzas. Si el candidato no es capaz de abrir su corazón y mantener una conversación sincera contigo, que se olvide de tu nombre. Tú necesitas intimidad; que jueguen a «¿quién es más fuerte?» te aburre... el siguiente, por favor.

TU MEJOR LIGUE PARA UNA SOLA NOCHE

Piscis posee tu misma idea sobre tener una conexión profunda y significativa a través de la sexualidad. Que a nosotros nos suene a matrimonio eterno, no significa que vosotros entendáis esa profundidad en una sola noche. Nos declaramos inhabilitados para opinar del misticismo que hay entre los signos de agua. Pero lo increíble es que ha habido casos en los que después de esa noche mística y apasionada se dan un abrazo que conecta con las tripas y cada uno se va para su casa en una nube de satisfacción. Y, posiblemente, esa noche se convierta en varias, no tantas como para estar juntos hasta que la muerte los separe, pero sí un rato más.

TU AMANTE IDEAL

Leo es el campeón. Como también entiende el lenguaje no verbal, sabe con precisión cuándo acercarse y cuán lejos puede llegar. Si siente que estás incómodo, él, galantemente, retrocede hasta hacerte sentir bien. Ni un paso menos, jamás perderá el terreno que ya había ganado. Los juegos de seducción con este signo son dignos de una película de las que te gustan; estarás encantado de vivir esas fantasías teniendo al cómplice perfecto. Además, todos queremos ser importantes para el rey.

¿QUIÉN ES TU PEOR AMANTE?

Virgo es el candidato para no entenderse en las artes amatorias contigo, pues es superrígido. Y más que dejarse llevar por el momento, está más pendiente de cómo se ve en las diferentes posiciones. No se deja mandar, pero tampoco manda y estará evaluando cada movimiento tuyo. Si se caen al suelo las almohadas y se sale la sábana del colchón, no podrá pensar en nada más hasta que la acomode.

¿CÓMO NO ABURRIRTE, CÁNCER?

A ti no es tan fácil aburrirte porque tienes la paciencia de una «madre». Pero si las personas son frías y no hablan de sus emociones, te aburres; no soportas las charlas intelectuales o las demostraciones de quién es más. Asimismo, más que aburrirte, te desanima que no entiendan tu conexión con tu familia. No estás dispuesto a sacrificar un vínculo de toda la vida por una persona perezosa que no se quiere levantar un domingo a almorzar lo que tu madre ha preparado con tantísimo amor.

COMO EX ERES...

Aquí es cuando aparece la carpeta principal de cosas horribles que te han hecho. Tienes la capacidad de echarle en cara todos los errores desde el primer día en que no te quiso dar el beso bajo la lluvia, como habías soñado en la cita. Para ti no es fácil despegarte o salir de una relación, pero cuando no hay más remedio te pones en plan director y creas una película donde tu pobre ex es el peor ser que existe en la Tierra. Si te lo encuentras, ocultarás lo que sea que sientas y te harás el fuerte. Por eso solo tus amigos íntimos saben si lo has superado de verdad o si es otra de tus actuaciones.

PARA QUE TE SOPORTES

Conoce tus límites, no ayudes al que se está ahogando si no sabes nadar. Está bien la empatía y servir a los otros, pero necesitas —mínimo— saber nadar para tirarte al agua, no hay necesidad de arriesgar la propia vida en favor de otro, hasta puede que se mueran los dos.

La diferencia entre la realidad y las películas de amor es que ya somos mayorcitos para creer que el amor es la manifestación de los detalles. El amor también es decirte que te has equivocado y que ese otro no se va a ir por eso; amor también es pagar las facturas de la casa y, muy importante, amor es que nadie haga ruido cuando duermes. Las pedidas de mano con mariachis y la rodilla al suelo en medio de un restaurante se acaban esa noche, pero alguien confiable es para siempre, si no, te vuelves loco.

Querido Cáncer: perdona y la paz estará contigo. No seas una máquina de venganza, que ya estamos bien jodidos por todos lados como para amargarte y oscurecer tu luz

DINERO

CÁNCER Y EL DINERO

¿Sabías que hay gente que no tiene ni idea de cuánto gasta, si su cuenta está en rojo o si le pagaron lo que le debían? Calma, no te vaya a dar un infarto solo de pensarlo; esas personas existen, aunque claramente tú ni lo concibas. Tu mente es un Excel —y puede que incluso exista uno en tu tableta también— donde todo, absolutamente todo lo referido a tu economía está registrado. Ingresos, gastos, inversiones, ahorros.

Tu cuenta bancaria es tu caparazón, Cáncer, y en ella buscarás la seguridad y contención que procuras en todos los aspectos de tu vida. Por eso, algunas de las decisiones más importantes serán tomadas según cuántas monedas tintinean en tu bolsillo.

NI POR TODO EL DINERO DEL MUNDO

Cáncer, sabemos lo que el dinero es para ti. Por eso es casi imposible que te veamos haciendo cola para comprar la lotería, en casinos o en el bingo de los domingos. No es que creas que tu sexto sentido te fallaría en esta, pero tú eres de los que piensa —y siente— que con el dinero no se juega.

Tampoco te vienen bien las inversiones de alto riesgo. La adrenalina no es para ti, y menos para tus negocios. Olvídate de la Bolsa, las acciones volátiles o de bonos que supongan riesgo. Antes de eso, estarías dispuesto a perder una tenaza con tal de defender tu amada estabilidad económica.

TALENTOS ESCONDIDOS
PARA TRABAJOS IDÍLICOS

Eres capaz de entender perfectamente lo que necesita la otra persona y transformar un espacio en su *happy place*: un refugio acogedor e íntimo donde no se le antoje otra cosa que quitarse los zapatos, taparse con una mantita y ver una peli. Por eso, carreras como diseñador de interiores, decorador o arquitecto te vienen como anillo al dedo.

Cáncer, tienes naturalmente un posgrado en escuchar los dramas existenciales de los demás, incluida tu amiga monotemática que solo habla de su ex durante 216.947 días seguidos. Por algo dicen que eres el mejor hombre para llorar. Así que podrías ser psicólogo, trabajador social, nutricionista o maestro.

Tu obsesión por las finanzas claras te dota de un excelente manejo y control de fondos; el sueño de cualquier empresa que no quiere problemas con el Ministerio de Hacienda (inserte gesto de persignada aquí).

¿EN QUÉ NO
GASTAS TU DINERO?

¡Tacaño, nunca!; previsor, mi amor. El dinero es tu seguridad y nunca, *never in da laif*, vas a gastar sin pensar. Eso no quiere decir que seas agarrado y no sueltes ni un euro: gastas en lo que haga falta y, ¿por qué no?, también inviertes en cosas que te hagan sentir bien. Tu casa —ese lugar donde buscas refugio cada vez que la vida te desestabiliza— es una de tus grandes inversiones, por ejemplo. En eso no escatimas, tampoco haciendo regalos a las personas que quieres (ya lo dijimos; ¡queremos ser tus amigos!). Pero nunca gastarías tu dinero en objetos sin valor emocional, porque a ti te desbordan las emociones, ya te lo hemos dicho, Cáncer.

¿CÓMO INVIERTES, CÁNCER?

Sin prisa, pero sin pausa. Tu estabilidad financiera es la roca sobre la que se construye el resto de tu vida. Sobre ese cimiento no estás dispuesto a generar ningún terremoto, ni siquiera un pequeño temblor. Por eso inviertes inteligentemente y nunca de golpe. No importa la cantidad de ceros que tenga la nómina a fin de mes, es poco probable que lo inviertas por completo. ¿Cuál es tu fórmula? Usar lo que necesites, invertir alguna cantidad y, además, guardar para las vacas flacas

Evalúas, decides, inviertes, repites. Ese es tu ritmo en las inversiones. Nunca tomarás una decisión sin antes haber creado un plan perfecto para sembrar monedas y cosechar billetes. Sabes cómo sacarle el máximo provecho a tu sueldo —y tu intuición ayuda—. Si la cosa no salió como planeabas, *no worries!*... siempre tendrás un plan B con dinero de respaldo.

PARA QUE TE SOPORTES

Sabemos que te encanta cuidar y atender a las personas, Cáncer. Te nace de dentro, pero ¡cuidado! Debes tener un límite claro de hasta dónde tu caparazón puede soportar el peso del otro.

- No prestes dinero a menos que lo des por perdido.
- No te metas en compromisos financieros porque para ti estos son como hacer un pacto de sangre. No paras de darle vueltas y de ahí no hay quien te saque.
- Como jefe eres muy trabajador, comprensivo y fiel a tu gente. Por eso tienes que aprender un poco de tu vecino Leo, y rugir de vez en cuando para que tu equipo no se te suba a la cabeza.

- Aunque pueden percibirte como cerrado, lo cierto es que trabajas mejor por tu cuenta. NECESITAS tu espacio y tu autonomía para que no te salga un sarpullido. Todo estará bajo control; siempre cumplirás con tus tareas.

- Expresar tu opinión puede transformarte en el pasivo-agresivo de la oficina a punta de comentarios que pudren el ambiente. También, puede que termines dándole demasiada importancia a problemas bobos que no valen la pena. ¡No le busques tres pies al gato!

SALUD

LA LUNA, TU TIMONEL EMOCIONAL

Situación sentimental: en una relación seria con el calendario lunar. No te queda otra, Cáncer. La Luna, tu regente, es la que controla la marea de tus emociones y con ellas la intensidad con la que vives el día a día. Si se acercan la Luna llena o el cuarto menguante, prepárate porque tienes todos los números comprados para ganarte el apodo de lunático. Como buen hipersensible, te gobierna el hambre. Tu estómago es el primero en hacerse sentir. Si estás angustiado, vendrán los retortijones. Si estás triste, la indigestión. ¿Molesto? Tocan gases. ¿Ansioso? Son malas noticias, así que mejor múdate al baño.

Como todo lo somatizas por el vientre, mejor estar preparado: búscate un tutorial para un automasaje abdominal relajante, y que no te falte la infusión de manzanilla y la bolsita de agua caliente o semillas.

DEPORTES

«Me encantan los deportes de contacto», dijo Cáncer nunca jamás. Tú, que en cuanto escuchas a alguien subir un mínimo decibelio la voz ya estás escondiéndote dentro de tu caparazón, no estás hecho ni para el boxeo, ni para la lucha, el taekwondo o el rugby. Es más, que ni te inviten a ver las luchas porque ¡no vas! Tus tenazas no son para golpear —al menos no físicamente, porque lanzas algunos ganchos verbales de vez en cuando—. La verdad, el deporte es algo que te cuesta; pero si de mover el exoesqueleto se trata, siempre preferirás hacerlo al aire libre y si es cerca del agua, aún mejor. Anímate por la natación, los aquaeróbicos, el kayak, la navegación, el yoga en exteriores o las caminatas en la naturaleza.

CUENTA HASTA 10, CÁNCER

Hay dos opciones cuando te dicen: «No te pongas así, no era para tanto». O les vomitas todo el abecedario de un tirón o sales corriendo para esconderte en tu caparazón y envenenarte lentamente de la rabia. De una u otra manera, esta guía te ayudará a sobrevivir a tus malos humores:

- Refúgiate en tu guarida. Sofá, mantita, un tecito caliente y *delivery* de tu comida favorita, mientras ves por sexta vez tu peli preferida, son los ingredientes necesarios para calmar el maremoto emocional.
- Échate una siestecita para ponerte de buen humor y recuperar todas las horas de sueño que tienes pendientes por *overthinker*.
- Llama a tu madre, júntate con tu familia, háblale a tu mejor amigo. A veces toca recibir el abrazo que tú siempre das.
- ¿Continúas hecho un loco? Planea tu venganza. Nada te hace sentir más en control que pensar cómo devolverás el golpe recibido.

TUS FRASES MÁS ARROGANTES

- No me pasa nada, estoy bien.
- Ya verás como termina pasando eso que te dije.
- Te dije que tenía un mal presentimiento.
- No soy llorón, es que estoy sensible.

LO QUE TE QUITA EL SUEÑO

Te metes en la cama temprano, pero te quedas dormido mil horas después. La historia de tu vida, ¿verdad? Ya quisieras que fuera porque te quedaste chateando con tu *crush* o te clavaste mirando TikTok. Pero no, el único bucle interminable en el que entraste no estaba en una pantalla, sino en tu cabeza. Pensar, pensar, pensar y pensar. Tu cerebro funciona 24/7 y no te deja descansar jamás.

Tú, Cáncer, no solo te hablas a ti mismo. También te preguntas y solito te respondes. Estás para graduarte con honores en la licenciatura de «Conversaciones conmigo, con mi yo y mi otro yo». ¿La causa de tu insomnio? Lo de siempre: el miedo a equivocarte, la necesidad de destacar en todo lo que haces, tu obsesión por el perfeccionismo o fantasear con todo lo que hubieras podido responder en esa discusión, pero nunca dijiste. ¡Ah! y la otra gran opción: analizar todas las señales contradictorias que te mandó tu «ligue» de hace dos años.

PARA QUE TE SOPORTES

ADVERTENCIA: Ve con cuidado, esto podría herir susceptibilidades y tú las tienes a flor de piel. Lee ateniéndote a las consecuencias.

- Si hasta a Shakira le pusieron los cuernos, ¿qué podemos esperar los simples mortales? La vida no es perfecta, y pretender que todo salga como en las películas es tragarse un cuento chino. Quizá si le bajas un par de marchas a tu velocidad para fantasear, disminuirá tu ansiedad y tendrás una visión más acorde con la realidad —o, aunque sea, un poco menos delirante—.

- Para mártires, suficiente con los que aparecen en los libros de Historia. Deja de inmolarte y poner a todo el mundo antes que a ti. Si ya te has cansado de darle consejos a tu amiga después de que volviera con su tóxico por millonésima vez, díselo y date el lugar que un cangrejo genial como tú se merece.

Cuidado con morderte la lengua, que te envenenas. Y es que cuando odias, lo haces de verdad; a ti las cosas no se te olvidan rápido, cangrejo. Pedirte que finjas amnesia puede ser demasiado, pero ¿y si relajas las pinzas y confías en el karma? Acuérdate de que, pase lo que pase, ese siempre vuelve.

RITUALES
EFECTIVOS

PARA DEJAR DE SER
TAN *DRAMA QUEEN*

«Aquí yace Cáncer, murió por exagerado.» Ya, ya... cálmate, cangrejo; hasta aquí podemos escuchar tus quejidos indignados. ¿Has visto que sí eres un *drama queen* después de todo? A tu alrededor hay que dar pasitos de ballet o decirte las cosas como quien recita un poema... basta un paso en falso o una palabra mal elegida y ¡que vengan las cámaras! Porque de tanto drama, se empieza a rodar el *reality show*.

Tu ritual para quitarte la corona de rey del melodrama es el siguiente.

- Imprime el siguiente diccionario y cada vez que sientas que alguien te dice algo con mala leche, recurre a él para encontrar su traducción real.

Lo que tú escuchas	Lo que de verdad dijeron
«No quiero salir contigo nunca más.»	«Estoy supercansado, ¿y si vamos mañana?»
«Es el pantalón más feo que he visto en mi vida.»	«Yo tengo el mismo pantalón, pero en otro color.»
«Odio todo lo que cocinas.»	«¿Pedimos a domicilio?»

- Este diccionario tiene potencial para ser eterno. Déjate algo de espacio y ve sumando todas las frases con las que te vayas cruzando. Tendrás que pedir ayuda con los significados reales porque, para ti, no van a estar claros.

PARA QUE SE ENAMORE
PERDIDAMENTE DE TI

Hubo una época en la que crearte falsas expectativas parecía tu pasatiempo favorito. Ahora, con ese caparazón tuyo lo pones más difícil. Sigue estos consejos para encontrar ese amor de ida y vuelta.

· Al autosabotaje dile ¡NO! No programes la cita cuando haya Luna llena; si ya viniste sensible de fábrica, no queremos saber cómo te pones cuando la Luna potencia tu emotividad.

· Desactiva el «modo intenso». Le dio un *like* a tu *story*, no te pidió matrimonio. Que tu mente no vuelva a las andadas para que no leas señales donde no las hay.

· El paso del cangrejo no es suficiente. Deja de ir avanzando de costado y como pidiendo permiso, y dale espacio a tu intuición. Si estás yendo por el camino correcto, lo sabrás. Y si no, también.

PARA QUE NUNCA ENFERMES

Cómprate una plantita de romero (o unas ramitas secas si la jardinería no es lo tuyo) y convierte a esta planta en la protagonista de tu botiquín de emergencias para cangrejos enfermizos.

- Estrés + preocupaciones = dolor de estómago. Esta es la fórmula de vida del cangrejo. Combátela preparándote un té de romero. Agrega un par de ramas en agua hirviendo y deja hervir la preparación cinco minutos más. Cuela y pa' dentro.
- Si lo que te genera la tensión es dolor de cabeza, utiliza mejor un jarabe. En 100 ml de agua, hierve durante 10 minutos una cucharada de hojas de romero picadas con un trozo de jengibre pelado y cortado en rodajas. Deja reposar hasta que se enfríe, cuela y agrega el jugo de un limón y 250 g de miel. Conserva en un frasco dentro del refrigerador y zámpate una cucharada cada vez que te ataque la migraña.

OBJETO DE PROTECCIÓN

Ser el pañuelo de lágrimas favorito del zodiaco tiene su precio: sabemos que la mochila emocional que cargas siempre anda bastante pesada. Por eso el bambú de la suerte es tu objeto de protección. Esta planta, conocidísima en el mundo del *feng shui*, limpia las energías y elimina las malas energías. Además, atrae la buena fortuna, salud y amor.

Aunque algunos lo plantan en tierra, tu bambú de la suerte, sí o sí, tiene que ser de los que crecen en agua.

TALISMÁN

Para adelante como el elefante, Cáncer. No te nos resientas, pero la verdad es que a tu lado cascarrabias y mojigato le viene bien un elefante que pise firme y no ande con niñerías. Este animal de enorme poder simboliza sabiduría, estabilidad, longevidad, constancia y prosperidad. Tenerlo cerca, además, será como sumarle un cerco eléctrico a tu caparazón porque protege frente a la envidia y la desgracia. ¿Buscas estabilidad? Consigue un elefante con la trompa hacia abajo. ¿Quieres mejorar tu economía? Elige un elefante con la trompa levantada. También puedes llevarlo en pendientes y colgantes.

AMULETO

Un tesoro al fondo del mar. Así como las ostras esconden su perla, muchas veces tú también te ocultas en las profundidades de tu caparazón. Lleva unas perlas para canalizar la energía de la Luna, tu regente, y atraer abundancia, felicidad y salud. Además, ¿para qué mentirnos?, las perlas también son una buena inversión y tenemos clarísimo tu gustito por la estabilidad y la seguridad financiera. Eso sí, no las lleves chapadas en oro o cualquier otro metal dorado, siempre úsalas con plata y asegúrate de que estén tocando tu piel.

PRUEBA

TU PRIMER ELEMENTO

A continuación, un test para saber si eres un Cáncer de tomo y lomo. Una forma infalible de descubrir si estás alineado con tu signo solar. Cinco preguntas sobre tu personalidad que revelarán el verdadero cangrejo que eres (o no):

1. Cuando acabas de cortar con tu expareja, ¿cómo lo llevas el primer mes?

A) La primera semana es horrible, pero, poco a poco, mejor. Tengo facilidad para pasar de página.

B) Me escondo dentro del caparazón y oculto mis sentimientos incluso cuando estoy sola.

C) No paro de pensar en esa persona y lloro desconsoladamente por las esquinas.

2. ¿Te han dicho alguna vez que eres la «madre» del grupo?

A) Alguna vez, pero por lo general voy bastante a mi bola.

B) Nunca, de hecho, soy la persona que desfasa y a quien tienen que cuidar.

C) Sí, muchas veces, porque gracias a mi instinto entiendo los sentimientos de cualquiera.

3. ¿Te gustan las conversaciones profundas y filosóficas?

A) Cuando me pica, de vez en cuando. Me gusta buscar el equilibrio entre las conversaciones ligeras y las profundas.

B) Me gustan más las conversaciones superficiales y divertidas, la verdad.

C) Claro, me encanta ser una intensa, conocer todos tus traumas, contar los míos y diez minutos después preguntarme qué hacemos aquí como especie.

4. ¿Alguna vez te han llamado la atención por la rapidez con la que cambian tus emociones?

A) Alguna vez.

B) Jamás de los jamases.

C) Constantemente.

5. ¿Alguna vez te has enamorado en tiempo récord, y cuando ya estabas soñando con la boda te has dado cuenta de que ni conocías a la otra persona y te has visto envuelta en una *situationship*?

A) ¿Por lo general entiendo los tiempos de las relaciones y he tenido la suerte de acabar en relaciones estables y bidireccionales.

B) ¿Por qué tan específico? Más bien soy la persona que pone demasiados límites y no se llega a enamorar.

C) La historia de mi vida.

RESULTADOS

A: Eres una persona estable y emocional pero no demasiado y con tendencias muy sanas en cuanto al amor se refiere. Enhorabuena, eres perfecta.

B: Eres lo contrario a Cáncer, quizás deberías ablandar un poco tu corazoncito.

C: Eres la persona más Cáncer que pisó la tierra: enamoradiza, protectora y cuidadosa de sus amistades, profunda, maternal y con tendencia a quedarse estancada en el pasado.

TU SEGUNDO ELEMENTO

Es posible que hayas nacido Cáncer, pero todas las variables de tu carta astral te hacen tener matices que no te cuadran con algunas descripciones de tu signo. «Ya decía yo que todo esto no es cierto, me engañaron, esto se lo inventaron...». ¡PARA! Respira. Lo que queremos decir es que es posible que tu personalidad tenga influencias de otros elementos y eso significa que no todo es blanco o negro a la hora de ser humano y esta prueba te puede ayudar a conocerte mejor, saber cuáles son esas pizcas de los otros elementos que te hacen único y también te ayudan a entender de dónde salen esas actitudes poco fogosas pero que son tan naturales en ti. Cáncer, ya sabes que te pasas el día nadando en tus emociones y fluyendo de acuerdo a la Luna que te alumbra. Te lo dice el agua, tu elemento, pero ¿sabes si tienes otro elemento que también influya en tu vida o te riges siempre por la marea?

Esta prueba está diseñada para que evalúes la porción que tienes de cada elemento y puedas equilibrar lo que te gusta y lo que no; averiguar de dónde salen esas reacciones tan poco propias de un Cáncer o, por el contrario, confirmar que tu vida va según adonde te lleve la corriente. Asigna un punto por respuesta positiva. Y si no eres ni uno ni otro, pues asigna medio punto por respuesta.

	SÍ	NO	A VECES
FUEGO			
¿Vives la vida a lo grande, sin reservas, sin importar lo que pase a tu alrededor?			
¿Eres auténtico, directo, dices lo que piensas y no dejas que nadie se imponga sobre ti?			
¿Eres el líder natural de todos tus círculos por ser el que planea, motiva y, a veces, manda hasta sin darse cuenta?			
Si alguien te cuestiona, ¿haces todo lo posible para demostrar quién es el que manda?			
¿Es inevitable para ti pensar que tu felicidad es lo más importante del «mundo mundial» y todo lo que se interponga entre tu felicidad y tú debe ser eliminado?			
Cuando hablas, ¿tienes un impulso descontrolado y dices todo lo que se te pasa por la cabeza sin pensar en las consecuencias?			
TIERRA			
¿Tus acciones son gobernadas por la lógica y no permites que los sentimientos interfieran en tus decisiones?			
¿Tienes síndrome del árbol? (Quieres sentarte en la misma silla, ordenar las cosas de igual manera en todos tus asuntos, es difícil pensar en una mudanza o en cambios drásticos repentinos.)			

	SÍ	NO	A VECES
¿Te gusta más tener un recuerdo físico y palpable que una loca experiencia?			
¿Eres apegado a tus pertenencias y podrías dedicarte a ser un coleccionista profesional?			
¿La disciplina es una característica fundamental para tener éxito en cualquier aspecto de la vida? (Hasta para la diversión creas reglas.)			
¿Podrías anteponer tu bienestar laboral a tu vida personal o tus gustos?			
AGUA			
¿Tus sentimientos mandan en tu vida? (Mejor dicho, ¿eres *drama queen*?)			
¿Piensas que nadie puede entender lo profundo de tus sentimientos?, ¿que los demás no sienten igual?			
¿Te es más fácil llorar que anudarte los cordones?			
Y aun con lágrimas en los ojos, ¿sientes que puedes con todo y que nada puede destruirte?			
A la hora del amor, ¿eres un romántico empedernido y tu pareja se convierte en el centro de tu vida?			
¿La palabra *infidelidad* te suena rarísima y no sabes ni siquiera cómo alguien puede pensar en otra persona que no sea su pareja?			

	SÍ	NO	A VECES
AIRE			
¿Tu gran pasión está en cómo puedes decir o entender todo lo que pasa a tu alrededor?			
¿Eres el alma de la fiesta y respiras vida social?			
¿Calculas todo, piensas demasiado y, muchas veces, esos pensamientos no llegan a concretarse?			
¿Puedes sostener una conversación de lo que sea, con quien sea, sin ningún tipo de problema?			
¿Solamente pensar en que vas a estar en el mismo lugar durante mucho tiempo te pone la piel de gallina y sientes horror?			
Cuando hablas con personas, ¿a menudo te dicen que se sienten comprendidas?			

¿Cuál fue tu mayor puntuación? Suma los puntos y descubre tu resultado en las siguientes páginas.

RESULTADOS

Mayoría de fuego

Nos vas a perdonar, pero no sabemos cómo lo haces para estar vivo en medio de estos dos elementos. Por un lado, lo calientas todo y a todo el mundo, y un segundo más tarde estás sonándote los mocos por la belleza de las mariposas volando. Tu personalidad fuerte se compara con el sol: a veces calientas y otras chamuscas. Te gusta vivir al límite y te concentras con tanta intensidad en lo que quieres y cómo lo quieres que a veces puedes olvidarte de lo que pasa a tu alrededor.

Los signos de fuego son: Aries, Leo y Sagitario.

Mayoría de tierra

Qué bien que tengas un poco de tierra, porque andar dejándote llevar por la marea toda la vida puede ser sinónimo de inestabilidad y ya sabemos que para sentir un millón de emociones distintas y dramatizarlas eres el número uno. Tu carácter es fuerte y sólido, algunos dirían que terco y obstinado. A ti no se te olvidan tan rápido los problemas; puede que no hagas un escándalo, pero todo queda anotado en tu libreta. El sentido de propiedad privada trasciende a las personas, por lo que eres propenso a los celos.

Los signos de tierra son: Tauro, Virgo y Capricornio.

Mayoría de agua

Vas por la vida dejando fluir tu personalidad. Y es que, si al aire o al agua les das un centímetro, se cuelan por cualquier rincón. Pero, que no se confundan, no es que seas moldeable ni voluble, es que eres adaptativo. Las emociones manejan la PlayStation de tu vida, no importa si es para arriba con la alegría o el amor o para abajo con la frustración y la tristeza. Todo lo sentirás con mucha intensidad y siempre haces lo que te dice el corazón —o la falta de él, si lo que toca es odiar—. Tus reacciones pueden ser en extremo dramáticas cuando se trata de los sentimientos, pero siempre vuelves a tu centro transparente, resistente y leal.

Los signos de agua son: Cáncer, Escorpio y Piscis.

Mayoría de aire

Eres un huracán de aire y agua que lo revuelve todo: un día quieres aprender a tejer, otro día quieres salvar a las abejas y al otro, aprender a mezclar como un DJ. Probar, experimentar y elegir TODAS las posibilidades es lo que te llama. Eso sí, tener tantas cosas en la cabeza al mismo tiempo hace que andes en las nubes y te cueste concentrarte o incluso concretar una sola. No toleras el aburrimiento, necesitas espacio y aire para no ahogarte; y es que la vida es una sola y no da para aburrirse por nada ni nadie.

Los signos de aire son: Géminis, Libra y Acuario.

Querido Cáncer, después de todo lo que hemos dicho en este libro, de cómo hemos descrito y desvelado los más íntimos secretos de tu personalidad (eso que ni a ti te gusta admitir o que no habías notado de manera consciente), creemos que esta prueba te ha enseñado que no debes ser tan inflexible con los extremos, sino que hay una enorme escala de grises en medio.

Ya que has sobrevivido a esta cantidad desproporcionada de verdades sin adornos, aunque hayas tenido que meterte en tu caparazón no sabemos cuántas veces para procesarlas, piensa en este libro como un manual de consulta al que puedes volver cada vez que se te olvide lo real, intenso, sentimental, comprensivo, cariñoso y visionario que eres. Si te gustan los secretos del horóscopo, seguro que te gustará conocer más de tu ascendente, tu luna y cómo entender las piezas que no encajan del todo. Si es así no dudes en consultar los otros signos para acabar de soportarte a ti mismo.

GLOSARIO

Planeta regente, Mercurio retrógrado, signo ascendente…
Respira hondo y no te desesperes. Hemos preparado un
glosario para que entiendas mejor los términos.

Signo solar

El que le preguntas a tu *crush* y que siempre consultas en
el horóscopo. Se define teniendo en cuenta en qué constelación se encontraba el Sol, el día y mes en que naciste.

Carta astral

Es la «foto» de cómo estaba el cielo aquel preciso instante
en el que naciste. Con ella conocerás la posición exacta de
los planetas: tu signo solar, tu ascendente y descendente,
así como características únicas.

Signo ascendente

Representa la forma en la que te acercas a la vida y cómo
te perciben los demás. Se define teniendo en cuenta qué
signo asomaba por el horizonte al momento de nacer. Para
saber cuál es el tuyo necesitas tu carta astral.

Signo descendente

Tu signo descendente —al ser el opuesto a tu ascendente— representa a tu posible compañero de vida. Calcúlalo de forma fácil: están a seis signos de distancia uno del otro. Conocerlo te ayudará a entender mejor a tu pareja y lo que buscas o encontrarás en ella.

Mercurio retrógrado

Este fenómeno se da cuando este planeta pareciera quedarse quieto e ir en retroceso, en «retrogradación». Y como Mercurio es el responsable de la comunicación, los malentendidos y desacuerdos están a la orden.

Planeta regente

Cada signo del zodiaco vibra de forma particular con un planeta del sistema solar o sus astros, y esa afinidad energética es la que define el planeta correspondiente a tu signo.

Elementos

La tierra, el fuego, el aire y el agua son los cuatro elementos de la astrología y cada signo del zodiaco está relacionado con uno de ellos. Los signos de tierra son cuadrados y confiables. Los de fuego son pura chispa, y con energía. Los signos de aire son visionarios y rápidos de pensamiento; y los de agua destacan por su intuición y sensibilidad.